シリーズ・貧困を考える ①

世界の貧困・日本の貧困

国際比較　世界と日本の同じと違いを考えよう！

池上　彰／監修

稲葉　茂勝／著

ミネルヴァ書房

はじめに

2015年11月8日、「日本の子ども、6人に1人が『貧困』」というショッキングな見出しが新聞におどりました（朝日中高生新聞）。6人に1人というと、一般的な小学校の1クラス（30人）のなかに、貧困に苦しむ子どもが5人いることになります。

ところが、この記事を読んだ人のなかで、実際にどのくらいの人が、日本にそうした貧困の状態があると感じるでしょう。当の子どもたちのあいだでは、貧困の子どもの苦しみを自分の身近なこととして感じることができたでしょうか。

海外では、貧困で食べる物もなく、住む家もなく……という話をよく聞きますね。貧困のために子どもが学校にいけない。働かなければならない。そうした状況を貧困だとするならば、日本の子どもの6人に1人が貧困だといわれてもピンとこないでしょう。

そもそも貧困とは、どういうことでしょう。

この「シリーズ・貧困を考える」では、みなさんといっしょに貧困について、次の3巻構成でいろいろな角度から考えていきます。

①世界の貧困・日本の貧困
②昔の貧困・今の貧困
③子どもの貧困・大人の貧困

世界じゅうの貧困のようすが、国や地域によって大きく違っていること（①世界の貧困・日本の貧困）は容易に想像できるでしょう。でも、②昔の貧困・今の貧困というのが世界のことなのか、それとも日本の話なのか、疑問をもつ人もいるでしょう。③子どもの貧困・大人の貧困は、どこの国の子どもと大人について書いてあるのかとも……。

そこで、それぞれの巻に副題をつけてみました。

①国際比較 ～世界と日本の同じと違いを考えよう！
②歴史的変化 ～変わる貧困と変わらない貧困を考えよう！
③貧困の悪循環 ～子ども時代に貧困なら大人になっても？

このように、このシリーズでは、巻ごとに異なった視点で世界と日本の貧困について考えていきます。どの巻にも、必要に応じて世界の国ぐにと日本のようすを記してあります。

みなさん！　6人に1人が貧困という日本の実態を直視してください。それがどういうことなのか、このままの状態だと日本は、どうなってしまうのかなどについても、よく考えてください。

そしてみなさんには、貧困をなくさなければならないという気持ちを、より強くもってもらいたい！　そのために、貧困について多角的に考えるこのシリーズをつくりました。

子どもジャーナリスト　稲葉茂勝
Journalist for children

もくじ

1. 世界の経済力 …… 4
   - ●地域ごとに世界の国ぐにの特徴を見てみよう …… 6
2. 世界の貧困の状況 …… 8
3. 日本は豊かな国？ それとも貧しい国？ …… 10
4. 開発途上国の都市部の貧困と農村部の貧困 …… 12
5. 日本の元気のない地方都市 …… 13
   - ●人間の豊かさ …… 14
6. 戦争と貧困 …… 16
7. 病気と貧困 …… 17
8. 発展をさまたげる借金 …… 18
9. 日本の借金 …… 20
10. 異常気象と貧困 …… 22
11. 3・11東日本大震災とその後 …… 24
    - ●世界各国の政府開発援助（ODA） …… 26
12. 偏見と貧困 …… 28

■用語解説 …… 30
■さくいん …… 31

1 世界の経済力

現在、世界の国内総生産（GDP）はアメリカやヨーロッパ連合（EU）、そして日本などの一部の国や地域に集中しています。

●国内総生産（GDP）の高い国（2014年）

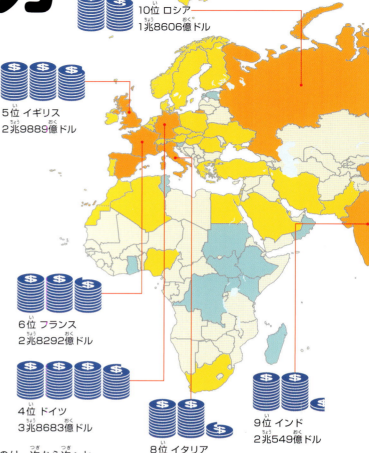

10位 ロシア
1兆8606億ドル

5位 イギリス
2兆9889億ドル

6位 フランス
2兆8292億ドル

4位 ドイツ
3兆8683億ドル

9位 インド
2兆549億ドル

8位 イタリア
2兆1412億ドル

世界のGDP

「GDP」とは、英語の「Gross（総計）Domestic（国内の）Product（生産物）」の頭文字で、日本語では「国内総生産」と訳されています。ひとことでいえば、ある国の国内で1年間に生産されたものやサービスの総合計額のことです。ひとつの国の経済力を知るためのもっとも基本的な数値としてつかわれます。

2014年の世界全体のGDPは、前の年とくらべて3.4％成長しました（JETROによる）。

近年経済成長をとげてきた中国のGDPは、2009年にそれまでの日本をぬいて世界第2位となりました。このまま成長をつづけると将来は世界第1位になると予想されています。

中国の経済成長の波にのり、次から次へと高層ビルが建設された上海の夜景。

日本は、経済が低迷してきたといわれながらも、いぜんとして4兆ドル以上のGDPを維持している。世界で見れば、経済大国でありつづけているんだよ。

世界の経済力

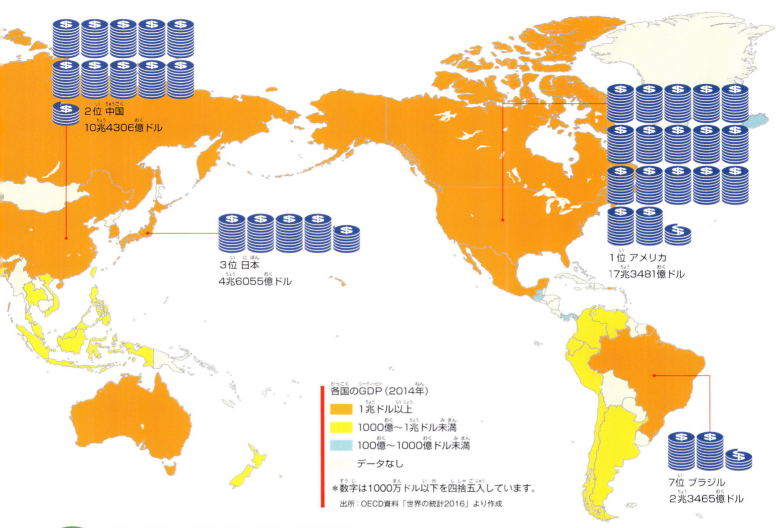

各国のGDP（2014年）
- 1兆ドル以上
- 1000億〜1兆ドル未満
- 100億〜1000億ドル未満
- データなし

＊数字は1000万ドル以下を四捨五入しています。

出所：OECD資料「世界の統計2016」より作成

2位 中国　10兆4306億ドル
3位 日本　4兆6055億ドル
1位 アメリカ　17兆3481億ドル
7位 ブラジル　2兆3465億ドル

貧しい国ぐに

　現在の世界は少数の国が豊かであり、大半の国が貧しい状態にあります。

　アフリカの国ぐには、人口では世界全体の約16％をしめていますが、GDP合計は、わずか数％、とくにサハラ砂漠以南に位置する国ぐにのGDPはどこも非常に低くなっています。アフリカの全人口の41％が、1日1.90ドル（＝約210円＊）未満で生活している極度の貧困状態にあります。

＊2016年11月21日現在。

南東アフリカのモザンビークで、くみあげ式の井戸から飲み水をくむキャンプの運営者。水が不足している貧困地域の人びとにとっては、めずらしい光景である。

地域ごとに世界の国ぐにの特徴を見てみよう

世界全体をいくつかの地域に分けるとすれば、分け方はいろいろあります。ここでは、下の地図のような地域に分けて、それぞれの地域の特徴を見てみましょう。

地域統合の拡大とその影響
ヨーロッパ連合（EU）の発展・拡大によってさらなる経済成長を目指している。しかし、失業率の増加など問題も多い。

重くのしかかる借金
カザフスタンやエストニアなどいくつかの国では、外国からの借金が国民にとって大きな負担となっている。

経済発展から取りのこされた地域
経済発展はおくれ、家計をおぎなうために多くの子どもが労働しなければいけない状態にある。物価が不安定な国も多い。

＊バルト三国（エストニア、ラトビア、リトアニア）は旧ソ連諸国だが、ソ連解体以後、ヨーロッパとの関係を深めているので、ヨーロッパに分類してある。

太平洋と大西洋（カリブ海）を結ぶパナマ運河。1年間に約1万4000隻の船で、およそ2億トンの貨物が輸送される。

同一地域内の同じと違い

日本や中国、北朝鮮が含まれる東アジアのように、同一地域のなかにも、文化や政治制度など、さまざまに、大きな違いがあって共通点がわかりにくい場合も多くなっています。

それでも地域ごとに共通することがあって、ほかの地域とあきらかに異なる特徴をもっています。

北アメリカ

貿易赤字大国アメリカ
世界全体の経済を引っぱるアメリカ。アメリカは輸入額が輸出額を上回る貿易赤字国である。日本も多くの製品をアメリカに輸出しており、世界の国ぐにとって重要な市場となっている。

中国の台頭と地域統合の動き
GDP世界第2位の中国が急速に経済成長をつづけている。中国の貿易総額は日本を上回っている。

ラテンアメリカ

経済危機におちいるも改善も見られる
度重なる経済危機によって借金を抱えた国が多い。しかし、児童労働の数が減少するなど、経済問題を改善する動きも見られる。

2 世界の貧困の状況

世界じゅうのどこの国にもお金持ちもいれば、
ひどい貧困に苦しむ人もいます。
しかし、そうした貧困のようすは、国によって大きく違っています。

マニラの貧困層がくらす地区で、学生ボランティアによるかゆの支給に、容器をかかえて列をつくる子どもたち。　写真：ロイター/アフロ

世界の貧困の状況

そもそも貧困とは？

ひとことで「貧困」といっても、国や地域によってその状況が大きく違います。同じ国のなかでも、ひとりひとりの貧困の状況は千差万別です。それでも、次のふたつは、貧困に共通していることだといえます。

- 貧困に苦しむ人は、自分の力だけでは生活できない。
- 貧困からぬけだす機会は、ほとんどない。

死に直面する貧困

南アジア、南アメリカ、アフリカなどには、開発途上国が多くあります。それらの国ぐににくらす人びとの多くは、生きていくのに必要な清潔な水や食べ物を手に入れられません。場合によっては住む家もありません。病院や学校にいくことなど、もちろんできません。

開発途上国の貧困の程度は、先進国のなかの貧困とは大きく違っています。生きていくことさえできないほど、極度の貧困におちいっているのです。このように人間として最低限の生活ができないような状態を「絶対的貧困」といっています。

極度の貧困がなにを意味するかについてさまざまな見方がありますが、1日の生活費が1.90ドル未満の状態をさすことが多くなっています。2015年現在、世界じゅうで極度の貧困状態にある人は約8億人いるといわれています。

相対的貧困者とは？

現在、アメリカ、イギリス、フランス、ドイツ、オーストラリア、そして日本などの先進国にくらす人びとの多くが豊かな生活をおくっています。しかし、先進国といわれる国のなかにも、毎日の生活に苦労し、貧困生活をよぎなくされている人が非常に多くいます。彼らには仕事がなく、あってもごくかぎられた職種のものだけです。そのため、自分の生活を向上させる機会がほとんどありません。「相対的貧困者」とは、同一の国のなかの、豊かな人びととくらべて貧しい人をさす言葉です。

先進国では、相対的貧困者といわれる人たちも開発途上国にいけば、豊かな人と見られるということだね。

ワンポイント情報

先進国・開発途上国・新興国

現在、ヨーロッパと北アメリカ、それに東アジアのなかでも、日本などは「先進国」とよばれ、それ以外のほとんどの国が「開発途上国」とよばれている。世界は、少数の先進国と多数の開発途上国で構成されていて、少数の先進国が富の多くをにぎり、それだけ世界経済にあたえる影響力も大きい。一方、開発途上国は、経済的に弱く、先進国が動かす世界経済の影響を受ける。なお、近年経済成長がいちじるしい中国、インド、ブラジルなどが「新興国」とよばれるようになった。

3 日本は豊かな国？それとも貧しい国？

2014年現在、日本のGDPは、総額で世界第3位ですが、国民1人あたりで見ると、順位が24位にまで下がってしまいます。これは、どういうことでしょうか。

1人あたりにすると下がる日本のGDP

1人あたりのGDPとは、GDPを人口で割った値です。日本のGDPは世界で24位（2014年）と低くなっています。その理由のひとつとして、高齢で働かなくなる人が増加していることがあげられます。

日本が豊かかどうかをほかの国とくらべることよりも、日本のなかでの相対的貧困者（→p9）が増加していることのほうが、大きな問題です。

日本には、絶対的貧困（→p9）はほとんどないね。その理由のひとつが、絶対的貧困の状況を救済するしくみ「生活保護制度」があるからなんだ。これは「食べていけない、生活していけない人」に、現金などを支給する制度だよ。でも生活保護を受けている世帯は、1995年には約60万世帯だったのが、2014年には160万世帯をこえたんだよ。

●世界のGDPランキング（2014年）

順位	国名	
1	アメリカ	17兆3481億ドル
2	中国	10兆4306億ドル
3	日本	4兆6055億ドル
4	ドイツ	3兆8683億ドル
5	イギリス	2兆9889億ドル
6	フランス	2兆8292億ドル
7	ブラジル	2兆3465億ドル
8	イタリア	2兆1412億ドル
9	インド	2兆549億ドル
10	ロシア	1兆8606億ドル

＊数字は1000万ドル以下を四捨五入しています。

●世界の1人あたりのGDPランキング（2014年）

順位	国名	
1	ルクセンブルク	11万6560ドル
2	カタール	9万7519ドル
3	ノルウェー	9万7226ドル
4	スイス	8万5374ドル
5	オーストラリア	6万2290ドル
6	デンマーク	6万1294ドル
7	スウェーデン	5万8856ドル
8	シンガポール	5万5910ドル
9	アメリカ	5万4306ドル
10	アイルランド	5万3648ドル

出所：OECD資料「世界の統計2016」

日本は豊かな国？それとも貧しい国？

日本の貧困の実態と日本人の意識

日本では近年、生活保護受給者数や相対的貧困率（→p9）が過去最高水準を更新しつづけています。

国際的にくらべてみても、格差を表す指標であるジニ係数や相対的貧困率が、経済協力開発機構（OECD）に加盟している国のなかで日本は高いほうに位置しています。つまり所得格差が大きいということです。ところが、ほとんどの日本人は、日本はとても豊かな国だと考えています。なぜなら日本には飢餓に直面している国の人たちのような外見の人がいないからです。

ワンポイント情報

ジニ係数

所得や資産の分布の不平等の程度を表すために、イタリアの統計学者コッラド・ジニ（1884～1965年）が考えだした数字のこと。0と1のあいだの値でしめされる。完全に平等なときに最小値0で、不平等度が大きいほど1に近づく。だれか1人が所得をひとりじめし、残り全員が所得が0だった場合には、ジニ係数は1になる。

日本でも貧困がどんどん進んでいるんだよ。

● 相対的貧困率の国際比較（2012年）

2012年のOECD加盟国の内、アメリカ、チリ、スイスはデータなし。2013年は、アメリカ17.2％、チリ16.8％、スイス8.6％。
グラフにしめしたOECD加盟国平均は、下記の33か国からOECDに加盟していないリトアニアをのぞいた32か国の平均値（約11.1％）。

出所：OECD資料「Poverty rate」より作成

4 開発途上国の都市部の貧困と農村部の貧困

開発途上国の農村では、家族をやしなうのにじゅうぶんな農作物を得ることができないことがあります。すると、家族のだれかが都市に出かせぎにいきます。

農村から都市への人口流入

開発途上国では、ほとんどの農家がほんのわずかな農地で、水を雨にたよる農業をしています。こうした人びとは、日照りなどで作物がとれないと、生きていくことができなくなります。結果、多くの人が仕事をもとめて都市へいきます。

ところが、都市にいっても、仕事があるとはかぎりません。運よく仕事につけても、賃金が非常に低く、家族に仕送りするお金をかせぐことができません。都市にやってきた多くの人たちは、スラム街のそまつな小屋に住んで、その日ぐらしをするほかないのです。

拡大するスラム街

2016年、ブラジルはリオデジャネイロ・オリンピックを成功させました。そのメイン会場になったリオデジャネイロには、以前から「ファベーラ」とよばれるスラム街がありました。ブラジル政府はオリンピックをきっかけに、ファベーラを撤去しようとしましたが、できませんでした。

オリンピックが終わり、近年、新興国（→p9）といわれてきたブラジルも、景気の落ちこみが心配されています。農村部にくらす人たちの生活は、よりきびしくなると予想されています。そうなると、ファベーラは撤去どころか、そこへやってくる人がさらに増えることも予想されています。

リオデジャネイロのファベーラで、こわされた家のそばであそぶ子どもたち（2015年7月28日撮影）。　写真：ロイター/アフロ

5 日本の元気のない地方都市

日本では近年、「シャッター通り」とよばれるほとんどの店がシャッターをおろした商店街が地方にたくさんあります。

地方では1980年代中ごろから「シャッター通り」が目につくようになり、身近な都市問題として注目されている。

失業率

仕事をしたくてもできない人を「失業者」とよび、働くことができる人の数（労働力人口）のうち失業者がどれくらいかをしめす数値を「失業率」とよびます。

日本では近年、失業率は地域によりかなり差が出てきました。2015年の調査で、全国で失業率がいちばん低かったのは、福井県（1.7%）。いちばん高かったのは、沖縄県（5.1%）でした。

また、仕事をさがしている人、1人に対し、「求人[*1]」がどれだけあるかをしめす「有効求人倍率[*2]」という資料があります。2016年7月の資料では、埼玉県と鹿児島県（1.03倍）が最低で、最高の東京都（2.04倍）と大きなひらきがありました。

失業者が多い地域は、「県民所得[*3]」も低くなります。2013年の場合、所得が最低だったのは沖縄県の210万円でした。最高だったのが、東京都の450万円で、その差はおよそ2倍です。

失業率、有効求人倍率、県民所得のどの基準で見ても東京と地方、都市と田舎では、かなりの経済格差があることがわかります。

県民所得が少なければ、税金も入ってこないね。その結果、地方都市の財政状況が悪くなり、北海道の夕張市のように「行政破綻[*4]」がおきてしまうこともあるんだよ。

*1 企業などが働き手をもとめること。
*2 求人の数を、仕事をもとめている人の数でわった数値。
*3 県民所得（個人の給与や企業の利益の合計）を県の人口でわった数値。
*4 地方自治体が財政の赤字を自力で返済できなくなること。

人間の豊かさ

国連では毎年、各国の「豊かさ」の数字を発表しています。その数字から北ヨーロッパ諸国やカナダ、オーストラリアなどが「豊か」とされていることが分かります。

HDIは、これまで数字として現れなかった「人間の豊かさ」をしめしている。

人間開発指数（HDI）の高い国と低い国

右の地図は、どの国が「豊か」といわれているのかについて「人間開発指数（HDI）」という数字をもとに色分けしたものです。国内総生産（GDP）（→p4）の大きい国が「豊か」とされているわけではありません。

アメリカと日本のGDPは、世界第1位と第3位ですが、人間開発指数によると世界第7位と第20位です（2014年）。人間開発指数の数字が高い国は、ヨーロッパに多いことがわかります。また、数字が低いワースト5の国は、すべてアフリカ大陸の国です。

HDIは「人間的な生活の度合い」を測る指数だよ。

●各国の人間開発指数（HDI）（2014年）

1位 ノルウェー 0.944
4位 デンマーク 0.923
5位 オランダ 0.922
6位 アイルランド 0.916
3位 スイス 0.930
6位 ドイツ 0.916
188位 ニジェール 0.348
185位 チャド 0.392
187位 中央アフリカ 0.350
184位 ブルンジ 0.400
186位 エリトリア 0.391

人間の豊かさ

ワンポイント情報

人間開発指数（HDI）

「人間開発指数」は、次の3つを基準にして「人間の豊かさ」を国別にしめした数字のこと。

- どのくらい健康で長生きできるか。
- よい教育を受けているかどうか。
- 人間らしい生活ができる収入を得ているかどうか。

この3つの基準を総合して、0から1までの数字で表す。

健康でよい教育を受けていて、経済的に豊かであるほど、数字が高くなり、「人間的に豊かである」ことを表すといわれている。一方、病気だったり、読み書きができなかったり、貧しかったりすると、人間の可能性は制限されてしまうという。

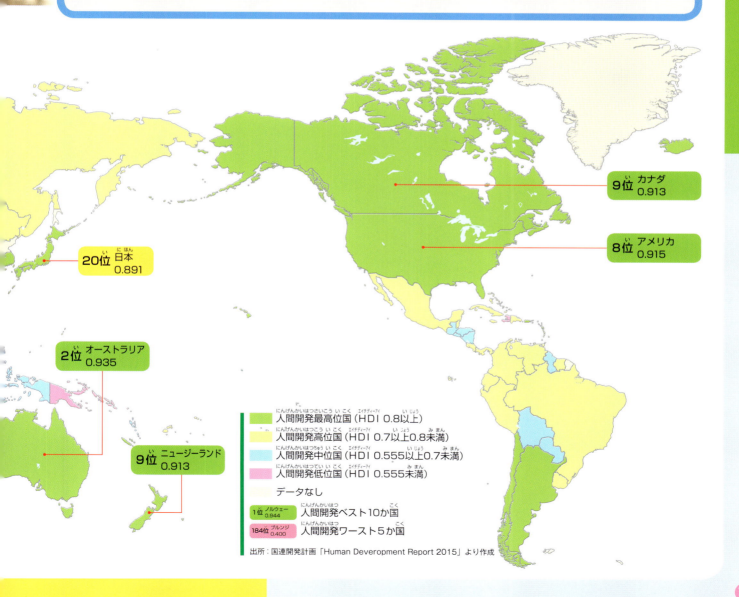

- 9位 カナダ 0.913
- 8位 アメリカ 0.915
- 20位 日本 0.891
- 2位 オーストラリア 0.935
- 9位 ニュージーランド 0.913

人間開発最高位国（HDI 0.8以上）
人間開発高位国（HDI 0.7以上0.8未満）
人間開発中位国（HDI 0.555以上0.7未満）
人間開発低位国（HDI 0.555未満）
データなし

1位 ノルウェー 0.944 人間開発ベスト10か国
184位 ブルンジ 0.400 人間開発ワースト5か国

出所：国連開発計画「Human Deveropment Report 2015」より作成

6 戦争と貧困

戦争で働き手の命がうばわれると、農村の人びとは、作物をつくれなくなります。都市でも、あらゆる仕事ができなくなります。難民も多く出ます。

ソマリアの難民がくらす、ケニアのダダーブ難民キャンプ。

シエラレオネでは

西アフリカにあるシエラレオネでは、1991年から2002年のはげしい内戦によって、国のいたるところが破壊されました。生活に必要なガスや水道が停止し、1998年には48万人が内戦による命の危険からのがれて難民になりました。

このような国が世界には、たくさんあります。とくに中東やアフリカに多いのです。

戦争が貧困をつくる

国連難民高等弁務官事務所（UNHCR）では、戦乱をのがれて着のみ着のままで他国へ逃れた難民に対し、食料の配給や健康管理、教育の支援などの救援活動をおこなっています。

2015年現在、UNHCRの統計による世界の難民の数は1548万3893人。その多くがシリアとアフガニスタンの難民だといわれています。

● 各国の難民の数（2015年）

- マリ 15万4211人
- ウクライナ 32万1014人
- イラク 26万1107人
- シリア 485万792人
- アフガニスタン 266万2954人
- パキスタン 27万7344人
- 中国 21万2911人
- ミャンマー 19万8685人
- ベトナム 31万3155人
- エリトリア 37万9766人
- 南スーダン 77万8629人
- ソマリア 112万3022人
- ルワンダ 28万6366人
- ブルンジ 29万2764人
- コンゴ 54万1291人
- 中央アフリカ 47万1104人

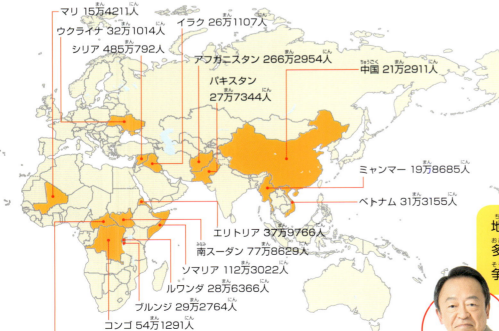

地図にしめした難民が多い国では、現在も紛争がつづいているよ。

出所：UNHCR統計、Uppsala Universtet, Department of Peace and Conflict Research HP

7 病気と貧困

そまつな家に住み、貧しい食生活をしている人たちは、病気にかかりやすくなります。病気になると働けなくなり、貧困状態がさらにひどくなります。

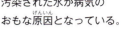

汚染された水が病気のおもな原因となっている。

病気と貧困の悪循環

開発途上国では、貧しい家庭の親が病気にかかって働けなくなると、たいていは子どもが学校にいかないで働きます。

学校にいけないで、教育が受けられなかった子どもたちは、大人になってもちゃんとした仕事につけません。貧しい生活からぬけだせません。

このような貧困の悪循環をたちきるのは、とてもむずかしいことだといわれています（→3巻）。

ウガンダでにごった井戸から水をくむ少年。

病気の原因

毎年世界では何百万人もが、マラリア、結核、肺炎、エイズなどの感染症にかかって死亡しています。また、下痢が非常に多くの人の命をうばっています。上下水道が整備されていないひどい住居と汚染された水が、おもな原因です。

薬代が家計を圧迫

薬にかかる費用は、開発途上国の人びとだけでなく、先進国の人びとにとっても、大きな負担となっています。

世界一の経済大国アメリカは、先進国のなかでもっとも高く、健康保険料をはらえない人も多くいます。彼らは病気にかかっても必要な医療が受けられません。じつは、日本でもお金がなくて適切な医療が受けられない人がたくさんいるのです。

ポリオ、はしか、破傷風、結核など、予防接種をすれば防げる病気で死亡する5歳未満の子どもは、毎年世界じゅうで220万人もいるといわれているよ。

8 発展をさまたげる借金

家をはじめとする高額の買い物をするために借金をすることがあります。ところが、借金をすることで、さらに大変になることも多いのです。

前向きの借金と後ろ向きの借金

個人がする借金には、その人がよりよい生活をするための借金というのがあります。これを「前向きの借金」とよびます。一方、病気の治療のためとか、必要な食べ物を得るためなど、ふだんの生活をとりもどすためにする借金もあります。これは「後ろ向きの借金」といいます。

借金はしばしば人を貧困におとしいれることがあります。とくに後ろ向きの借金によって、より苦しくなることがあります。

開発途上国では、自分たちが食べるはずだった作物で、借金を返済することがあります。わずかばかりの土地を売って返済金をつくることもあります。ときには、自分の子どもたちにただ働きをさせて借金を返済をしようとすることもあります。

インドのニューデリーのスラム街を歩く子ども。背景には高級住宅地（ゲーテッドコミュニティー）が見える。スラム街にくらす人の多くは、高級住宅地の居住者のための家事手伝いとドライバーとして働く。　写真：The New York Times／アフロ

発展をさまたげる借金

各国の債務のGNI比率

ある国が別の国に対してかかえている借金（債務）の額は、開発途上国全体で約6兆154億ドルにものぼります（2013年時点）。

下の地図は、債務が各国の国民総所得（GNI）のうちどれくらいの割合をしめているのかを表しています。数字（％）が大きいほど、債務がその国の国民にとって、大きな負担となっています。

中南米やアフリカなどの国ぐにでは、債務のGNI比率が100％以上の国が多くあります。100％以上というのは、国民全体の所得を合計しても外国から借りた借金を返せないことを意味します。

● 各国の対外債務のGNI比率（2013年）

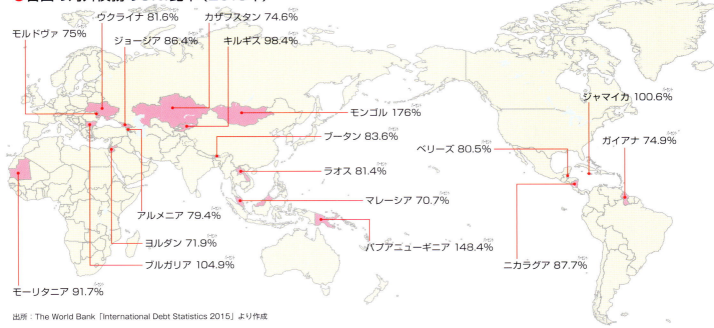

モルドヴァ 75％
ウクライナ 81.6％
カザフスタン 74.6％
ジョージア 86.4％
キルギス 98.4％
モンゴル 176％
ブータン 83.6％
ベリーズ 80.5％
ジャマイカ 100.6％
ガイアナ 74.9％
ラオス 81.4％
アルメニア 79.4％
マレーシア 70.7％
ヨルダン 71.9％
パプアニューギニア 148.4％
ニカラグア 87.7％
ブルガリア 104.9％
モーリタニア 91.7％

出所：The World Bank「International Debt Statistics 2015」より作成

ワンポイント情報
重債務貧困国

1996年、国際社会は、とくに債務が深刻な問題になっている国を重債務貧困国（HIPC）と認定して、債務を削減するなど特別に対処することを決めた。「重債務貧困国」とは、世界でもっとも貧しく、もっとも重い債務を負っている開発途上国のこと。2016年3月現在、36か国が認定されている。そのうち、30か国がアフリカの国だ。

国の借金が国民を貧困にする

国が借金を返済できるうちはいいのですが、戦争がおきたり、大きな災害にみまわれたり、伝染病が広がったりして、借金を返済できなくなることがあります。そうした国では、国民から税金としてお金を取りたてたり、国内で必要な教育費や医療費などをけずったりして返済にあてることがあります。その結果、その国の人びとは、よりきびしい生活に追いこまれてしまいます。

9 日本の借金

2013年、日本の借金が1000兆円を超えました。日本はどうしてそんなに借金をしているのでしょう。
だれから借りているのでしょう。

「国債」という借金

　日本は1950年代後半からの高度経済成長期に多額の税金をつかって、高速道路や橋の建設など、さまざまな公共事業をおこなってきました。その後1970年代に高度経済成長にかげりが見えてからも、景気対策として大規模な公共事業がつづけられてきました。ところが、高度経済成長期が終わってからは、税金だけでは公共事業を支えることができなくなり、不足資金を国債の発行などでまかなってきました。

　「国債」とは、法律にもとづいて国が発行する債券のことで、国の借金を意味します。借金といっても、債券を発行して銀行や企業、一般投資家に買ってもらい資金を集めるやり方のことで、銀行などの金融機関からお金を借りることではありません。国の借金は、1981年の総額は100兆円でしたが、その後増えつづけ、2013年にはとうとう1000兆円という途方もない金額になってしまいました。

ワンポイント情報

家計に置きかえると

　2012年度の国の財政は、一般家庭の家計に置きかえて考えた場合には、月収が40万円の家庭で、ひと月の生活費として78万円つかい、不足分の38万円を借金して生活していることになるという。これまでに重ねてきた借金の合計は、7382万円にものぼる。そんな状態なのに、国は国債の発行という形で、一般家庭では考えられないことをしてきたのだ。

借金は、かならず返済しなければならない！　国債の場合、いずれは、国が買いもどさなければならないよ。そのためにあらたな税金がつかわれるよ。借金の返済のために、あらたに借金をするという悪循環がおこっているんだね。

ギリシャの首都アテネでは、国民に負担をもとめる政府に猛反発した人びとが大規模なデモをくりひろげた（2010年5月5日撮影）。写真：AP/アフロ

日本は財政破綻しないのか？

2010年、ギリシャの財政が悪化し、財政破綻の危機にあることが判明しました。その後も危機がつづいています。ところが、そのギリシャでも、借金の総額は、約40兆円だといいます。これにくらべ、日本の借金は、ギリシャの数十倍の1000兆円以上。それでもギリシャのように深刻な状態にあるとはいわれていません。

この理由のひとつには、ギリシャの国債は、ほとんどが外国の投資家によって買われているため、すぐに売られる可能性が高いことがあげられます。ところが、日本の国債はほとんどが、国内の銀行や企業などがもっているので、日本が財政破綻するような売り方はしないと見られています。

もうひとつの理由として、日本政府は現在、およそ600兆円ほどの資産を保有していることがあげられます。

日本の国債は、今はまだ国内で保持されているけれど、今後も国債を発行しつづけていけば、国内で、買い手がなくなってしまうことも予想されているよ。もし、日本の国債を、外国の投資家に買われることがあれば、ギリシャのように財政破綻の危機におちいる可能性もあるよ。

10 異常気象と貧困

近年、地球上のいたるところで「異常気象」といわれる極端な気象現象が発生。熱波におそわれ、はげしい日照りがつづき、砂漠化。一方、巨大台風や豪雨も……。

砂漠がどんどん広がっている！

近年、世界各地が熱波におそわれ、ひどい水不足におちいることがあります。飲み水がなくなったり、作物をつくれなくなったり、牧畜ができなくなったり……。

人びとは生活ができなくなり、住んでいた土地を追われ、都市に流れこんでいます。

世界じゅうの「半砂漠（草地と砂漠の中間地帯）」や熱帯草原地帯では、急激に砂漠が広がっています（砂漠化）。

開発途上国では、こうした自然災害により貧困が加速することは少なくありません。

ケニア北西部、トゥルカナの半砂漠地域。水が少なく人びとは貧しい生活をしている。

台風と貧困

世界では、雨がまったくふらない土地がある一方、近年巨大台風（サイクロン、ハリケーン）におそわれる地域もあります。アジア、アフリカ、カリブ海諸島などでは、毎年のように大きな被害が出ています。

2005年8月、アメリカ南部のニューオーリンズを超巨大なハリケーンがおそいました。「カトリー

ハリケーン、カトリーナにより破壊された家（2005年8月31日撮影）。　写真：AP/アフロ

ナ」と名づけられたこのハリケーンは、ニューオーリンズの中心都市に住む人たちのあいだに多くの死者を出しました。

しかし、にげおくれた人たちの多くは、貧困層でした。しかもそのほとんどがアフリカ系アメリカ人でした。なぜなら富裕層の人たちは、カトリーナがせまってくる前に避難したのに対し、貧しい人たちは移動するにもお金も車もないため、避難もできずに、自宅にいてせまりくるハリケーンを待つほかなかったのです。

2016年夏に相次いだ台風と大雨の影響で、北海道では広い地域で田畑が水につかり、農作物が大きな被害を受けた（北海道北見市、2016年9月6日撮影）。　写真提供：共同通信社/ユニフォトプレス

日本でも

日本でも日照りがつづき、水不足がおこる一方で、台風や集中豪雨で洪水が頻発しています。台風は、最近はどんどん巨大化しているなどといわれ、それにともなう豪雨により、各地で甚大な被害が出ています。

度重なる災害は、貧困に苦しむ人びとの生活の立てなおしをさらにきびしくしています。

地震による貧困の拡大

台風や集中豪雨のみならず、巨大地震は、開発途上国でも先進国でもところかまわずやってきます。しかし、貧困に苦しむ人たちがくらす土地で、巨大地震が発生すると、その後、貧困がさらに拡大することになります。

11 3・11東日本大震災とその後

2011年3月11日におこった東日本大震災は未曾有の被害をもたらしました。その後、地震の影響により、貧困になってしまった人がいます。

東日本大震災で津波により、多くの人が家を失った岩手県大槌町の仮設住宅（2016年3月3日撮影）。
写真：Natsuki Sakai/アフロ

仮設住宅で苦しい生活

　東日本大震災による被害は、2016年3月10日時点で、死者1万5894人、行方不明者2561人となりました（警察庁発表）。このほか、地震のショックや避難生活で体調をくずしたり、精神的に追いつめられたりした結果、時間がたってから亡くなった「震災関連死」は、3400人以上にのぼります。

　2016年3月現在、避難生活を送る人は、当初の約47万人から大幅に減ったものの、いまだに約17万人にのぼり、うち約6万人が仮設住宅にくらしています。そうした人の多くが、仕事もなく、きびしい生活を余儀なくされています。

一気に人口減少

　2015年の国勢調査によると、震災被害の大きかった岩手県、宮城県、福島県では、この5年間で人口があわせて約18万人減少したことがわかりました。人口減少は、近年全国的に見られる傾向ですが、被災地の人口減はいちじるしく、それにより労働力不足がおこり、経済活動も停滞してしまいました。

　とくに人口が大幅に減少した沿岸地域では、深刻な人手不足におちいり、重要な産業である水産加工業で、建物や設備の復旧が進みながらも活気を取りもどせていません。

巨大津波で壊滅的な被害が出た宮城県仙台市（2011年3月12日撮影）。
写真：AP/アフロ

被災した宮城県南三陸町の校舎とがれきの山。

経済格差の拡大

被災地では、地震や津波で破壊されたまちのがれきの撤去や、土地の区画整備などが進められてきました。そのため建設業や運輸業などの産業は回復傾向にあります。一方で、水産物や食品の加工業・小売業などの回復はおくれています。建設業に資材や人手がとられて、加工業の工場や商店の再建が進んでいないからです。また、観光業や農業では、原発事故の風評被害にも苦しめられ、復興どころか、廃業も多く見られます。

このように復興が進むなか、経済格差がどんどん広がっています。

復興と2020年東京オリンピック

被災地では、東日本大震災の記憶が風化するのを心配する声が高まっています。岩手県、宮城県、福島県の42市町村長におこなったアンケートでは、9割以上の回答者が震災や原発事故の風化を感じると回答したといいます。

東京オリンピックが開催される2020年まで、あとわずか。そのころには、日本じゅうで震災の風化の度合いがさらに増しているのではないかといわれています。

東京オリンピックは約3兆円もの経済効果があると試算されているといいます。でもそれは、東京近郊だけのことだともいわれています。被災地はどうなるのでしょう。

オリンピック会場の整備で、今後ますます建築現場の人手不足や、資材の高騰がおきる可能性が高くなるよ。被災地の復興は、さらにおくれるのではないかと心配されているんだ。

世界各国の政府開発援助（ODA）

アメリカや日本などの先進国は開発途上国に多額の援助をしています。ところが、近年経済成長がいちじるしい中国へも日本はいまだに援助をおこなっています。

政府開発援助（ODA）の総額上位国と受けとり総額上位国を地図にしめしているよ。

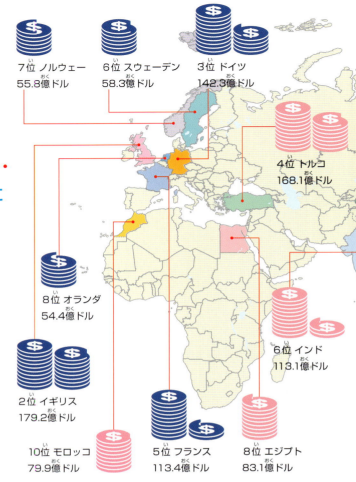

7位 ノルウェー 55.8億ドル
6位 スウェーデン 58.3億ドル
3位 ドイツ 142.3億ドル
4位 トルコ 168.1億ドル
8位 オランダ 54.4億ドル
6位 インド 113.1億ドル
2位 イギリス 179.2億ドル
10位 モロッコ 79.9億ドル
5位 フランス 113.4億ドル
8位 エジプト 83.1億ドル

政府開発援助（ODA）をおこなっている国と受けとり国

政府開発援助（ODA）とは、「経済的に豊かな先進国が開発途上国に対し、お金を提供したり貸したり、成長するための技術を支援したりすること」をさします。

地図からは、どの国が援助を多く提供していて、どの国が援助を多く受けとっているのかがわかります。アメリカや日本などGDPが大きい国だけでなく、スウェーデンやノルウェーなどそれほどGDPの大きくない国も多額の援助をしています。ところが、援助を多く受けとっている国には、メキシコや中国など、経済が成長しつつある国が多く見られます。

対中政府開発援助（ODA）

日本の中国に対するODAは、1979年に提案され、1980年にはじまりました。中国が大きく経済発展をとげたため、円借款*は、2007年調印分で終了しましたが、環境保護分野の技術協力、貧困支援関連の無償資金協力などの形で、現在もつづいています。

●対中ODA近年の実績（年度別）

年度	円借款	無償資金協力	技術協力
2009年度	—	12.72億円	32.62億円
2010年度	—	14.66億円	34.68億円
2011年度	—	8.43億円	32.96億円
2012年度	—	2.88億円	25.27億円
2013年度	—	2.84億円	20.18億円
累計	33164.86億円	1572.42億円	1817.44億円

＊お金を利子をつけて貸すこと。

出所：外務省HP

世界各国の政府開発援助（ODA）

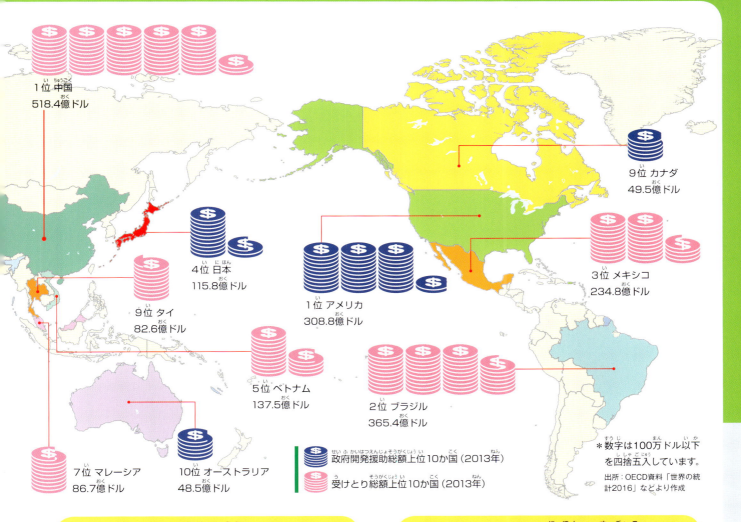

受けとり国の選びかた

　援助供与国（援助を提供する国）が、どの国に援助をするかは、その国の歴史的な背景などによって決まります。たとえば、フランスは、かつて植民地にしていたアフリカの国ぐにたくさんの援助をしています。
　日本は、戦争で迷惑をかけた国ぐにへのつぐないとして援助をはじめたという背景もあって、中国をふくめ、アジア地域にたくさん援助しています。
　1990年代以降、先進国は民主主義や人権を重視していないような国には援助をしないことを取りきめました。

これからの日本のODA

　日本はアメリカ、イギリス、ドイツについで世界第4位のODA援助供与国です（2013年）。しかし、日本の近年のきびしい経済・財政状況を背景にして、ODAに対する国民の見方は、きびしくなってきています。
　国民の税金がODAの一部につかわれているのですから、国民がきびしくチェックするのは当然です。
　とくにいちじるしい経済成長をとげただけでなく、軍事費をどんどん拡大している中国に対しては、援助を終わらせる方針です。なお、中国は日本が援助しているなかで2番目の受けとり国です。

12 偏見と貧困

世界には、肌の色、宗教や性別、身分などによる偏見が、いまだに多く見られます。じつは偏見と貧困とは、直接関連しているのです。

クロアチア、ザグレブの教会前のジプシーの女性。ジプシーは9世紀ごろ、インド北西部から発したといわれ、自身ではロマ、ロムなどという。

なくならない偏見

さまざまな偏見によって、仕事につけなかったり、条件の悪い仕事だったりすることで、貧困生活をしいられている人が、世界じゅうどの国にも非常に多く見られます。とくに女性に対し偏見から差別が生じています。

偏見と貧困

2016年2月には、インドで公務員採用などでの優遇措置をもとめるカーストの多数派集団の暴動が起きた。　写真・ロイター/アフロ

インド政府はダリットに対し、無料の教育をおこなうなど、貧困からぬけだすための支援をおこなっているけど、なかなかうまくいっていないのが現実だよ。

インドのカースト制度

インドの「カースト制度」とは、バラモン（僧侶）、クシャトリヤ（王侯・武士）、ヴァイシャ（平民）、シュードラ（隷属民）という4つの階層からなる身分制度です（シュードラよりさらに下にみなされる「ダリット」という人たちもいる）。

民族による偏見や差別も、世界じゅうで見られるものです。たとえば、ヨーロッパなどで移動生活を続けているジプシー（ロマ）は多くの偏見を受け、「世界でもっとも貧しい民族」のひとつだといわれてきました。ハンガリーでは、ジプシーの60～70％が仕事についていません。イギリスでは20％のジプシーが極度の貧困におちいっているのです。

こうしたカースト制度は、すでに紀元前1200～1000年ごろに古代インドのバラモン教の聖典『リグ・ヴェーダ』のなかにありました。

1950年、この制度にもとづく差別は、インド憲法により禁止されました。ところが、カースト制度自体は廃止されていないため、現在もダリットの人たちは、つらい仕事をしながら、ひどく貧しい家でくらしています。

用語解説

本文中の覚えておきたい用語を
五十音順に解説しています。

● **経済協力開発機構（OECD）**……11
先進国を中心とする加盟国が協力して経済の安定成長と貿易の拡大につとめ、さらに開発途上国への援助の促進と調整をはかることを目的とする国際協力機関。1961年に発足し、本部はパリにある。日本の加盟は1964年で、2016年現在以下の35か国が加盟している。

• EU加盟国（22か国）

イギリス、ドイツ、フランス、イタリア、オランダ、ベルギー、ルクセンブルク、フィンランド、スウェーデン、オーストリア、デンマーク、スペイン、ポルトガル、ギリシャ、アイルランド、チェコ、ハンガリー、ポーランド、スロバキア、エストニア、スロベニア、ラトビア。

• その他（13か国）
日本、アメリカ、カナダ、メキシコ、オーストラリア、ニュージーランド、スイス、ノルウェー、アイスランド、トルコ、韓国、チリ、イスラエル。

● **国内総生産（GDP）**……4、5、7、10、14、26
一定の期間に、国内で生産されたものやサービスの付加価値（生産額から材料費などをのぞいたもの）の合計。国内の経済活動の水準をしめす指標となる。

● **国民総所得（GNI）**……19
国内総生産（GDP）に海外からの所得を加えたもの。2000年ごろから国民総生産（GNP）に代わって多くつかわれるようになった。

● **国連難民高等弁務官事務所（UNHCR）**……16
難民問題に対処するための国連の機関。多数の難民が生まれた第二次世界大戦後の1950年に設立された。本部はスイス。かつては活動を5年ごとに延長する形で存続してきたが、2003年に存続期間を撤廃し、恒久的な組織となった。

● **スラム街**……12、18
所得の低い人びとが密集して住んでいるところ。貧民街。

● **人間開発指数（HDI）**……14、15
保健、教育、所得という人間開発の3つの側面に関して、ある国における平均達成度を測るための指標。所得水準や経済成長率など、国の開発の度合いを測るために、それまで用いられていた指標にとって代わるものとして導入された。

● **政府開発援助（ODA）**……26、27
先進国による発展途上国への支援。ある国を直接支援する二国間援助と、国際機関を通じておこなう多国間援助の2つがある。二国間援助には資金の返済をもとめる「有償資金協力」と、返済をもとめない「無償資金協力」、技術を提供する「技術協力」の3つがある。

● **ヨーロッパ連合（EU）**……4、6
国境をこえて、政治や経済、安全保障などで協力しあうヨーロッパ諸国の統合体。2016年現在の加盟国は28か国。加盟国の多くが共通の通貨ユーロを使用している。

さくいん

あ行

アフガニスタン ・・・・・・・・・・・・・・・・・・ 16
アフリカ ・・・・・・ 5、6、9、14、16、19、22、23、27
アメリカ ・・・・・・・・ 4、7、9、14、17、22、26、27
イギリス ・・・・・・・・・・・・・・・・・・ 9、27、29
インド ・・・・・・・・・・・・・・・・・・・・・ 9、29
オーストラリア ・・・・・・・・・・・・・・・・・・ 9、14

か行

カースト制度 ・・・・・・・・・・・・・・・・・・・・ 29
開発途上国 ・・・・・ 9、12、17、18、19、22、23、26
感染症 ・・・・・・・・・・・・・・・・・・・・・・・・ 17
北アメリカ ・・・・・・・・・・・・・・・・・・・・・ 7、9
ギリシャ ・・・・・・・・・・・・・・・・・・・・・・ 21
経済格差 ・・・・・・・・・・・・・・・・・・・・・ 13、25
経済協力開発機構（OECD） ・・・・・・・・・・・ 11
国債 ・・・・・・・・・・・・・・・・・・・・・・・ 20、21
国内総生産（GDP） ・・・・・・ 4、5、7、10、14、26
国民総所得（GNI） ・・・・・・・・・・・・・・・・ 19
国連難民高等弁務官事務所（UNHCR） ・・・・・ 16

さ行

砂漠化 ・・・・・・・・・・・・・・・・・・・・・・・・ 22
シエラレオネ ・・・・・・・・・・・・・・・・・・・・ 16
地震 ・・・・・・・・・・・・・・・・・・・・ 23、24、25
失業率 ・・・・・・・・・・・・・・・・・・・・・・ 6、13
ジニ係数 ・・・・・・・・・・・・・・・・・・・・・・ 11
ジプシー（ロマ） ・・・・・・・・・・・・・・・・ 28、29
借金 ・・・・・・・・・・・・・・・ 6、18、19、20、21
重債務貧困国（HIPC） ・・・・・・・・・・・・・・・ 19
シリア ・・・・・・・・・・・・・・・・・・・・・・・・ 16
新興国 ・・・・・・・・・・・・・・・・・・・・・・ 9、12
スラム街 ・・・・・・・・・・・・・・・・・・・・ 12、18
生活保護 ・・・・・・・・・・・・・・・・・・・・ 10、11
政府開発援助（ODA） ・・・・・・・・・・・・・ 26、27

絶対的貧困 ・・・・・・・・・・・・・・・・・・・・ 9、10
先進国 ・・・・・・・・・・・・ 9、17、23、26、27
相対的貧困者 ・・・・・・・・・・・・・・・・・・ 9、10
相対的貧困率 ・・・・・・・・・・・・・・・・・・・・ 11

た行

台風 ・・・・・・・・・・・・・・・・・・・・・・・ 22、23
中国 ・・・・・・・・・・・・・・・ 4、7、9、26、27
中東 ・・・・・・・・・・・・・・・・・・・・・・・ 6、16
ドイツ ・・・・・・・・・・・・・・・・・・・・・・ 9、27
東京オリンピック ・・・・・・・・・・・・・・・・・ 25

な行

難民 ・・・・・・・・・・・・・・・・・・・・・・・・ 16
人間開発指数（HDI） ・・・・・・・・・・・・ 14、15

は行

ハンガリー ・・・・・・・・・・・・・・・・・・・・・ 29
東アジア ・・・・・・・・・・・・・・・・・・ 6、7、9
東日本大震災 ・・・・・・・・・・・・・・・・・・ 24、25
貧困の悪循環 ・・・・・・・・・・・・・・・・・・・・ 17
ファベーラ ・・・・・・・・・・・・・・・・・・・・・ 12
ブラジル ・・・・・・・・・・・・・・・・・・・・ 9、12
フランス ・・・・・・・・・・・・・・・・・・・・ 9、27
偏見 ・・・・・・・・・・・・・・・・・・・・・・ 28、29

ま行

南アジア ・・・・・・・・・・・・・・・・・・・・・ 6、9
南アメリカ ・・・・・・・・・・・・・・・・・・・・・・ 9

や行

ヨーロッパ ・・・・・・・・・・・・・ 6、9、14、29
ヨーロッパ連合（EU） ・・・・・・・・・・・・・ 4、6

ら行

リオデジャネイロ・オリンピック ・・・・・・・・・・ 12

■監修

池上 彰（いけがみ あきら）

1950年長野県生まれ。慶應義塾大学卒業後、1973年、NHKに記者として入局。1994年から「週刊こどもニュース」キャスター。2005年3月NHK退社後、ジャーナリストとして活躍。2012年より東京工業大学教授。著書に『ニュースの現場で考える』（岩崎書店）、『そうだったのか！ 現代史』（集英社）、『伝える力』（PHP研究所）ほか多数。

■著

稲葉 茂勝（いなば しげかつ）

1953年東京都生まれ。大阪外国語大学、東京外国語大学卒業。子ども向けの書籍のプロデューサーとして多数の作品を発表。自らの著作は『世界の言葉で「ありがとう」ってどう言うの？』（今人舎）など、国際理解関係を中心に著書・翻訳書の数は80冊以上にのぼる。2016年9月より「子どもジャーナリスト」として、執筆活動を強化しはじめた。

■企画・編集　こどもくらぶ
■表紙デザイン　尾崎朗子
■本文デザイン　佐藤道弘
■ＤＴＰ制作　㈱エヌ・アンド・エス企画

この本の情報は、2016年11月までに調べたものです。
今後変更になる可能性がありますので、ご了承ください。

■写真協力

表紙：写真：The New York Times/アフロ
大扉：写真：ロイター/アフロ
p4：© kalafoto- Fotolia.com
p5：© Kevspics | Dreamstime.com
p7：© TravelStrategy - Fotolia.com
p10：© yayoicho - Fotolia.com
p14：© Africa Studio - Fotolia.com
p16：© Sadik Güleç | Dreamstime.com
p17：© Sjors737 | Dreamstime.com
p22：© Aureli | Dreamstime.com
p28：© Biserko | Dreamstime.com
裏表紙：© Kevspics | Dreamstime.com

シリーズ・貧困を考える① 世界の貧困・日本の貧困
国際比較 世界と日本の同じと違いを考えよう！

2017年1月30日　初版第1刷発行	〈検印省略〉
2021年3月11日　初版第2刷発行	定価はカバーに表示しています

監　修　者　池　上　　　彰
著　　　者　稲　葉　茂　勝
発　行　者　杉　田　啓　三
印　刷　者　磨　　　秀　晴

発行所　株式会社　ミネルヴァ書房
607-8494　京都市山科区日ノ岡堤谷町1
電話 075-581-5191／振替 01020-0-8076

© 稲葉茂勝, 2017　　　印刷・製本　凸版印刷株式会社

ISBN978-4-623-07921-6
NDC360/32P/27cm
Printed in Japan

シリーズ

貧困を考える

池上　彰／監修

稲葉 茂勝／著

27cm　32ページ　NDC360

❶
世界の貧困・日本の貧困
国際比較　世界と日本の同じと違いを考えよう!

❷
昔の貧困・今の貧困
歴史的変化　変わる貧困と変わらない貧困を考えよう!

❸
子どもの貧困・大人の貧困
貧困の悪循環　子ども時代に貧困なら大人になっても?